SQL na prática

Heber F. Amaral
Graziany T. Fonseca
Antônio R. Sant'Ana

Copyright © 2024 Heber Fernandes Amaral

All rights reserved
Todos os direitos reservados

No part of this book may be reproduced, or stored in a retrieval system, or transmitted in any form or by any means, electronic, mechanical, photocopying, recording, or otherwise, without express written permission of the publisher.

Todos os direitos reservados. Este livro ou qualquer parte dele não pode ser reproduzido ou usado de forma alguma sem autorização expressa, por escrito, do autor.

ISBN: 9798322132059

SQL NA PRÁTICA

Uma abordagem prática voltada para a aplicação do conhecimento

Heber F. Amaral, Graziany T. Fonseca e Antônio R. Sant'Ana

Apresentação

Este livro é um guia essencial para qualquer pessoa interessada em dominar a linguagem SQL através de uma abordagem prática e direta. Formulado a partir de notas de aulas usadas pelo autor em sala de aula, ele oferece uma visão estruturada e acessível para aprender SQL de maneira eficaz.

Os leitores serão conduzidos passo a passo através de conceitos fundamentais e avançados do SQL, desde as consultas mais simples até as operações mais complexas de manipulação de dados. Cada capítulo é cuidadosamente estruturado para apresentar um novo conjunto de desafios, permitindo que os leitores desenvolvam suas habilidades de forma progressiva.

Com uma abordagem prática e voltada para a aplicação do conhecimento, este livro oferece:

Exemplos claros e concisos de código SQL para cada conceito abordado.

Exercícios práticos no final de cada capítulo para testar e reforçar o aprendizado.

Dicas e técnicas úteis para otimizar consultas e evitar armadilhas comuns.

Aplicações do SQL em cenários do mundo real para uma compreensão mais ampla de sua utilidade.

Seja você um iniciante buscando adquirir habilidades básicas de manipulação de dados ou um profissional experiente que deseja aprimorar suas técnicas, "SQL na Prática" é o seu guia essencial para se tornar um mestre na linguagem SQL através da prática constante e do domínio dos códigos.

CONTENTS

Title Page
Copyright
1. O que é SQL? — 1
2. O que a Linguagem SQL pode fazer? — 2
3. SGBD Relacional — 3
4. Tabelas de banco de dados — 4
5. Instruções SQL — 5
6. Criando um banco de dados usando SQL — 6
7. Manipulando tabelas usando SQL — 10
8. SQL Constraints — 16
9. Inserido dados em uma tabela usando SQL — 23
10. A instrução UPDATE — 25
11. Instrução DELETE — 27
12. A Instrução SELECT — 28
13. SQL JOIN — 43
14. O Operador UNION — 49
15. A instrução GROUP BY — 52
16. O operador EXISTS — 55
17. Os operadores ANY e ALL — 56
18. A instrução SQL SELECT INTO — 59
19. A Instrução INSERT INTO SELECT — 61
20. A Expressão CASE — 63
21. Funções NULL do SQL — 65
22. O que é um Stored Procedure? — 67
23. Comentários — 69
24. Operadores — 70
Apêndice I - Charset e Collation — 73

1. O QUE É SQL?

SQL, ou Linguagem de Consulta Estruturada, é uma linguagem padrão para armazenar, manipular e recuperar dados em bancos de dados. Foi estabelecido como padrão pelo American National Standards Institute (ANSI) em 1986 e pela International Organization for Standardization (ISO) em 1987.

2. O QUE A LINGUAGEM SQL PODE FAZER?

- Executar consultas em bancos de dados
- Recuperar dados de bancos de dados
- Inserir registros em bancos de dados
- Atualizar registros em bancos de dados
- Excluir registros de bancos de dados
- Criar novos bancos de dados
- Criar novas tabelas em bancos de dados
- Desenvolver procedimentos armazenados em bancos de dados
- Estabelecer visualizações em bancos de dados
- Definir permissões em tabelas, procedimentos e visualizações

Embora o SQL seja um padrão ANSI/ISO, é importante notar que existem variações entre as diferentes versões da linguagem. No entanto, para garantir compatibilidade com o padrão ANSI, todos os sistemas de gerenciamento de banco de dados suportam pelo menos os principais comandos (como SELECT, UPDATE, DELETE, INSERT e WHERE) de forma semelhante.

Observação: A maioria dos sistemas de banco de dados SQL também possui suas próprias extensões proprietárias, além do padrão SQL.

3. SGBD RELACIONAL

SGBD, ou Sistema de Gerenciamento de Banco de Dados, é o alicerce do SQL e de todos os sistemas de banco de dados modernos, tais como MS SQL Server, IBM DB2, Oracle, MySQL e Microsoft Access.

No SGBD, os dados são organizados em objetos de banco de dados denominados tabelas. Uma tabela constitui uma coleção de entradas de dados inter-relacionadas e é composta por colunas e linhas.

Cada tabela é segmentada em unidades menores chamadas campos. Por exemplo, na tabela Clientes, os campos incluem CustomerID, CustomerName, ContactName, Address, City, PostalCode e Country. Um campo refere-se a uma coluna projetada para armazenar informações específicas sobre cada registro na tabela.

Um registro, também conhecido como linha, representa cada entrada individual na tabela. Por exemplo, a tabela Clientes mencionada anteriormente contém 91 registros. Um registro constitui uma entidade horizontal na tabela.

Uma coluna é uma entidade vertical na tabela que abriga todas as informações associadas a um campo específico.

4. TABELAS DE BANCO DE DADOS

Um banco de dados normalmente inclui uma ou várias tabelas, cada uma identificada por um nome único, como "Clientes" ou "Pedidos". Dentro dessas tabelas, os dados são organizados em registros, que são as linhas individuais contendo informações específicas.

Abaixo está um exemplo retirado da tabela "Clientes":

Essa tabela é composta por registros, cada um representando um cliente, e colunas, incluindo ClienteID, Nome, Contato, Endereço, Cidade, CEP e Estado. Cada coluna detém informações específicas sobre os clientes registrados.

ClienteID	Nome	Contato	Endereço	Cidade	CEP	Estado
1	José	Maria	Rua A	Bom Sucesso	37220-000	MG
2	Antonio	Francisco	Rua B	Bom Sucesso	37220-000	MG
3	Josefina	Sebastião	Rua C	Sto. Antonio do Amparo	37262-000	MG
4	Magali	Mônica	Rua D	Sto. Antonio do Amparo	37262-000	MG

5. INSTRUÇÕES SQL

A maioria das operações que você precisa realizar em um banco de dados é realizada por meio de instruções SQL.

Por exemplo:

SELECT * FROM Clientes;

A instrução SQL acima seleciona todos os registros na tabela "Clientes". Neste tutorial, abordaremos detalhadamente diversas instruções SQL.

É fundamental estar ciente de que:

- As instruções SQL não fazem diferenciação entre maiúsculas e minúsculas: "select" é o mesmo que "SELECT".
- É necessário usar ponto e vírgula após cada instrução SQL?
- Alguns sistemas de gerenciamento de banco de dados exigem um ponto e vírgula no final de cada instrução SQL.
- O ponto e vírgula é a maneira padrão de separar cada instrução SQL em sistemas de banco de dados que permitem a execução de múltiplas instruções SQL em uma única chamada para o servidor.

A seguir, apresentamos uma lista de alguns dos comandos SQL mais importantes:

- SELECT: extrai dados de um banco de dados.
- UPDATE: atualiza dados em um banco de dados.
- DELETE: exclui dados de um banco de dados.
- INSERT INTO: insere novos dados em um banco de dados.
- CREATE DATABASE: cria um novo banco de dados.
- ALTER DATABASE: modifica um banco de dados.
- CREATE TABLE: cria uma nova tabela.
- ALTER TABLE: modifica uma tabela.
- DROP TABLE: exclui uma tabela.
- CREATE INDEX: cria um índice (chave de pesquisa).
- DROP INDEX: exclui um índice.

6. CRIANDO UM BANCO DE DADOS USANDO SQL

A instrução CREATE DATABASE é empregada para criar um novo banco de dados no SQL.

Sintaxe:

CREATE DATABASE *nomebancodedados*;

Exemplo:

CREATE DATABASE DataBaseTeste;

Esta instrução SQL irá criar um novo banco de dados com o nome "DataBaseTeste".

6.1. CRIAR UM BANCO DE DADOS SE NÃO EXISTIR.

A instrução CREATE DATABASE IF NOT EXISTS é empregada para criar um de dados se um banco de dados com mesmo nome não exista.

Sintaxe:

CREATE DATABASE IF NOT EXISTS *nomebancodedados*;

Exemplo:

CREATE DATABASE IF NOT EXISTS DataBaseTeste;

Esta instrução SQL irá criar o banco de dados com o nome "DataBaseTeste" se não existir um banco de dados com o mesmo nome no servidor de banco de dados.

6.2. CONJUNTO DE CARACTERES E COLAÇÃO DO BANCO DE DADOS.

Cada banco de dados possui um conjunto de caracteres e uma colação. No contexto de bancos de dados, um charset (conjunto de caracteres) refere-se a um conjunto específico de caracteres que pode ser usado para armazenar e manipular dados textualmente. Cada conjunto de caracteres tem seus próprios conjuntos de símbolos, letras, números e outros caracteres especiais que podem ser representados. Já o "collation" (ou "colação", em português) refere-se às regras que determinam a ordenação e comparação de caracteres em um conjunto de dados textual. Essas regras definem como os caracteres são classificados e comparados entre si em operações como ordenação de dados, comparação de strings e busca de informações.

As instruções CREATE DATABASE e ALTER DATABASE possuem cláusulas opcionais para especificar o conjunto de caracteres e a colação do banco de dados:

CREATE DATABASE nome_do_bd

CHARACTER SET nome_do_conjunto_de_caracteres

COLLATE nome_da_colação

As cláusulas CHARACTER SET e COLLATE tornam possível criar bancos de dados com conjuntos de caracteres e colações diferentes no mesmo servidor MySQL.

Exemplo:

CREATE DATABASE nome_do_bd

CHARACTER SET latin1

COLLATE latin1_swedish_ci;

Caso queira alterar o CHARACTER SET e/ou o COLLATE de um banco de dados já existente deve-se usar o comando ALTER DATABASE, como exemplificado abaixo.

ALTER DATABASE nome_do_bd

CHARACTER SET nome_do_conjunto_de_caracteres

COLLATE nome_da_colação

O MySQL escolhe o conjunto de caracteres do banco de dados e a colação do banco de dados da seguinte maneira:

Se tanto CHARACTER SET quanto COLLATE forem especificados, o conjunto de caracteres definidos e a colação definida são usados. Se CHARACTER SET for especificado sem COLLATE, o conjunto de caracteres definido e sua colação padrão são usados. Para ver a colação padrão para cada conjunto de caracteres, use a declaração SHOW CHARACTER SET ou consulte a tabela INFORMATION_SCHEMA CHARACTER_SETS.

Se o COLLATE for especificado sem CHARACTER SET, o conjunto de caracteres associado e a colação definida são usados.

Caso contrário (nenhum CHARACTER SET nem COLLATE é especificado), o conjunto de caracteres e a colação do servidor são usados.

Para saber mais sobre CHARACTER SET e COLLATE veja o Apêndice I.

6.3. COMO APAGAR UM BANCO DE DADOS USANDO SQL?

A instrução DROP DATABASE é usada para descartar um banco de dados SQL existente.

Sintaxe

DROP DATABASE *nomebancodedados*;

Exemplo

A instrução SQL a seguir elimina o banco de dados existente "DataBaseTeste":

DROP DATABASE DataBaseTeste;

6.4. EXERCÍCIOS:

1. Criar um Banco de Dados Simples:

Crie um banco de dados chamado "Escola" usando o comando CREATE DATABASE. Certifique-se de que o banco de dados foi criado com sucesso verificando-o no sistema de gerenciamento de banco de dados que você está usando.

2. Criar um Banco de Dados com Opções:

Crie um banco de dados chamado "Loja" com as seguintes opções:

Codificação padrão: UTF-8

Colação padrão: Latin1_General_CI_AS

Certifique-se de que as opções foram aplicadas corretamente.

3. Criar um Banco de Dados Se Não Existir:

Escreva um comando SQL que crie um banco de dados chamado "Clientes" apenas se ele não existir. Certifique-se de que o banco de dados seja criado apenas se não existir anteriormente.

7. MANIPULANDO TABELAS USANDO SQL

A manipulação de tabelas utilizando SQL-DDL (Data Definition Language) é uma parte fundamental no projeto e administração de bancos de dados relacionais. Através das instruções oferecidas pela SQL-DDL, como CREATE TABLE, ALTER TABLE e DROP TABLE, é possível criar, modificar e excluir tabelas, respectivamente. Essas operações permitem definir a estrutura de uma tabela, incluindo os tipos de dados das colunas, as restrições de integridade e as opções de armazenamento. Além disso, a SQL-DDL oferece recursos para gerenciar índices, chaves primárias e estrangeiras, proporcionando um controle preciso sobre a organização e relacionamentos dos dados dentro do banco de dados. Assim, a compreensão e habilidade na manipulação de tabelas utilizando SQL-DDL são essenciais para garantir a eficiência e integridade dos dados em sistemas de banco de dados relacionais.

7.1. COMO CRIAR UMA TABELA EM UM BANCO DE DADOS USANDO SQL

A instrução CREATE TABLE é utilizada para criar uma nova tabela em um banco de dados. A sua sintaxe básica é:

CREATE TABLE *nome_tabela*(

    coluna1 tipo,

    coluna1 tipo,

    coluna1 tipo,

    ...

);

Os parâmetros da coluna especificam os nomes das colunas da tabela, enquanto o parâmetro "tipo" determina o tipo de dados que cada coluna pode conter (por exemplo, varchar, integer, date, etc.).

Segue um exemplo prático:

CREATE TABLE Pessoas(

    PessoaID int,

```
    SobreNome varchar(255),
    Nome varchar(255),
    Endereco varchar(255),
    Cidade varchar(255)
);
```

Neste exemplo, a coluna "PessoaID" é do tipo inteiro (int) e conterá números inteiros. Já as colunas "SobreNome", "Nome", "Endereco" e "Cidade" são do tipo varchar e podem conter caracteres alfanuméricos, com um comprimento máximo de 255 caracteres.

Após a execução desta instrução, a tabela "Pessoas" estará criada, mas vazia, como representado abaixo:

PessoaID	SobreNome	Nome	Endereço	Cidade

Também usando a instrução CREATE TABLE, podemos definir uma chave primária para garantir a unicidade das linhas na tabela. A chave primária é uma coluna ou um conjunto de colunas que identifica de forma única cada linha na tabela. Vamos expandir o exemplo anterior para incluir uma chave primária:

```
CREATE TABLE Pessoas (
    PessoaID INT,
    SobreNome VARCHAR(255),
    Nome VARCHAR(255),
    Endereco VARCHAR(255),
    Cidade VARCHAR(255),
    PRIMARY KEY (PessoaID)
);
```

Neste exemplo, a coluna "PessoaID" foi definida como a chave primária da tabela "Pessoas" após a definição dos campos, utilizando a função PRIMARY KEY. Isso garante que cada valor na coluna "PessoaID" seja único em todas as linhas da tabela.

Agora, vamos exemplificar como adicionar uma chave estrangeira em uma tabela. Uma chave estrangeira é uma coluna ou conjunto de colunas que estabelece uma relação entre duas tabelas, onde os valores na coluna da chave estrangeira correspondem aos valores na coluna de chave primária em outra tabela. Por exemplo:

```
CREATE TABLE Pedidos (
```

PedidoID INT,

PessoaID INT,

DataPedido DATE,

PRIMARY KEY (PedidoID),

FOREIGN KEY (PessoaID) REFERENCES Pessoas(PessoaID)

);

Neste exemplo, criamos uma tabela "Pedidos" que possui uma coluna "PessoaID" que serve como chave estrangeira. A instrução FOREIGN KEY estabelece uma relação entre a coluna "PessoaID" na tabela "Pedidos" e a coluna "PessoaID" na tabela "Pessoas", garantindo que os valores inseridos na coluna "PessoaID" em "Pedidos" correspondam a valores existentes na coluna "PessoaID" em "Pessoas".

7.2. COMO APAGAR UMA TABELA USANDO O SQL

A instrução DROP TABLE é usada para descartar uma tabela existente em um banco de dados.

Sintaxe:

DROP TABLE *nome_tabela*;

Atenção: Tenha cuidado antes de derrubar uma mesa. Excluir uma tabela resultará na perda completa de informações armazenadas na tabela!

A seguinte instrução SQL remove a tabela existente "Fornecedores":

DROP TABLE Fornecedores;

7.3. TRUNCATE TABLE

A instrução TRUNCATE TABLE é usada para excluir todos os dados dentro de uma tabela, mas não a própria tabela. Sua estrutura permanece intacta.

Sintaxe:

TRUNCATE TABLE *nome_tabela*;

7.4. INSTRUÇÃO ALTER TABLE

A instrução ALTER TABLE é usada para adicionar, excluir ou modificar colunas em uma tabela existente.

A instrução ALTER TABLE também é usada para adicionar e remover várias restrições em uma tabela existente.

ADICIONAR COLUNA

Para adicionar uma coluna em uma tabela, use a seguinte sintaxe:

ALTER TABLE *nome_tabela*

ADD *nome_coluna tipo*;

O SQL a seguir adiciona uma coluna "Email" à tabela "Clientes":

ALTER TABLE Clientes

ADD Email varchar(255);

EXCLUIR COLUNA

Para excluir uma coluna em uma tabela, use a seguinte sintaxe (observe que alguns sistemas de banco de dados não permitem a exclusão de uma coluna):

ALTER TABLE *nome_tabela*

DROP COLUMN *nome_coluna*;

O SQL a seguir exclui a coluna "Email" da tabela "Clientes":

ALTER TABLE Clientes

DROP COLUMN Email;

RENOMEAR COLUNA

Para renomear uma coluna em uma tabela, use a seguinte sintaxe:

ALTER TABLE *nome_tabela*

RENAME COLUMN *nome_antigo* to *nome_novo*;

ALTERAR/MODIFICAR TIPO DE DADOS

Para alterar o tipo de dados de uma coluna em uma tabela, use a seguinte sintaxe:

ALTER TABLE *nome_tabela*

ALTER COLUMN *nome_coluna datatype*;

SQL ALTER TABLE Exemplo

Veja a tabela "Pessoas":

ID	Nome	SobreNome	Endereço	Cidade

1	José	da Silva	Rua Ipê 10	Belo Horizonte
2	Antonio	Souza	Rua Gameleira 20	Rio de Janeiro
3	Maria	Batista	Rua Pinheiro 30	São Paulo

Agora queremos adicionar uma coluna chamada "DatadeNasc" na tabela "Pessoas".

Usamos a seguinte instrução SQL:

ALTER TABLE Pessoas

ADD DatadeNasc date;

A tabela "Pessoas" ficará assim:

ID	Nome	SobreNome	Endereço	Cidade	DatadeNasc
1	José	da Silva	Rua Ipê 10	Belo Horizonte	
2	Antonio	Souza	Rua Gameleira 20	Rio de Janeiro	
3	Maria	Batista	Rua Pinheiro 30	São Paulo	

Exemplo de como alterar o tipo de dados

Agora queremos alterar o tipo de dados da coluna chamada "DatadeNasc" na tabela "Pessoas".

Usamos a seguinte instrução SQL:

ALTER TABLE Pessoas

ALTER COLUMN DatadeNasc year;

DROP COLUMN Exemplo

Em seguida, queremos excluir a coluna chamada "DatadeNasc" na tabela "Pessoas".

Usamos a seguinte instrução SQL:

ALTER TABLE Pessoas

DROP COLUMN DatadeNasc;

7.5. EXERCÍCIOS:

1) Criar um banco de dados chamado empresa.
2) Criar um script SQL para criação da estrutura esboçada no Esquema relacional abaixo:

    Empresas(CODIGO (PK), NOME, CNPJ)

    Clientes(CODIGO (PK), NOME, CPF)

3) Adicione uma nova coluna na tabela CLIENTES (TEL_CELULAR).
4) Delete a coluna na tabela CLIENTES (TEL_CELULAR).
5) Modifique o nome da coluna CPF para CPF_CLIENTE da tabela CLIENTE.
6) Modifique o tipo do campo CPF da tabela CLIENTES para VARCHAR(20).
7) Mude o nome na tabela CLIENTES da coluna CPF para CPFCLIENTE.
8) Apague a tabela EMPRESAS.

8. SQL CONSTRAINTS

As restrições em SQL são usadas para especificar regras para dados em uma tabela.

As restrições são usadas para limitar o tipo de dados que podem entrar em uma tabela. Isso garante a precisão e a confiabilidade dos dados na tabela. Se houver alguma violação entre a restrição e a ação de dados, a ação será abortada.

As restrições podem ser nível de coluna ou nível de tabela. As restrições de nível de coluna se aplicam a uma coluna e as restrições de nível de tabela se aplicam a toda a tabela.

As seguintes restrições são comumente usadas em SQL:

- NOT NULL - Garante que uma coluna não pode ter um valor NULL.
- UNIQUE - Garante que todos os valores em uma coluna sejam diferentes.
- PRIMARY KEY - Uma combinação de NOT NULL e UNIQUE. Identifica exclusivamente cada linha em uma tabela.
- FOREIGN KEY - Previne ações que destruiriam links entre tabelas
- CHECK - Garante que os valores em uma coluna satisfaçam uma condição específica.
- DEFAULT - Define um valor padrão para uma coluna se nenhum valor for especificado.
- CREATE INDEX - Usado para criar e recuperar dados do banco de dados muito rapidamente.

8.1. RESTRIÇÃO NOT NULL

Por padrão, uma coluna pode conter valores NULL.

A restrição NOT NULL força uma coluna a NÃO aceitar valores NULL.

Isso obriga um campo a sempre conter um valor, o que significa que você não pode inserir um novo registro ou atualizar um registro sem adicionar um valor a esse campo.

NOT NULL em CREATE TABLE

O seguinte código SQL garante que as colunas "ID", "LastName" e "FirstName" NÃO aceitarão valores NULL quando a tabela "Pessoas" for criada:

```
CREATE TABLE Persons (
    ID int NOT NULL,
    LastName varchar(255) NOT NULL,
    FirstName varchar(255) NOT NULL,
    Age int
);
```

NOT NULL em ALTER TABLE

Para criar uma restrição NOT NULL na coluna "Idade" quando a tabela "Pessoas" já estiver criada, use o seguinte SQL:

```
ALTER TABLE Persons
MODIFY COLUMN Age int NOT NULL;
```

8.2. RESTRIÇÃO UNIQUE DO SQL

A restrição UNIQUE garante que todos os valores em uma coluna sejam diferentes.

As restrições UNIQUE e PRIMARY KEY fornecem uma garantia de exclusividade para uma coluna ou conjunto de colunas.

Uma restrição PRIMARY KEY tem automaticamente uma restrição UNIQUE.

No entanto, você pode ter muitas restrições UNIQUE por tabela, mas apenas uma restrição PRIMARY KEY por tabela.

Restrição SQL UNIQUE em CREATE TABLE

O seguinte SQL cria uma restrição UNIQUE na coluna "ID" quando a tabela "Pessoas" é criada:

```
CREATE TABLE Persons (
    ID int NOT NULL,
    LastName varchar(255) NOT NULL,
    FirstName varchar(255),
    Age int,
    UNIQUE (ID)
);
```

Para nomear uma restrição UNIQUE e definir uma restrição UNIQUE em várias colunas, use a seguinte sintaxe SQL:

```
CREATE TABLE Persons (
```

    ID int NOT NULL,

    LastName varchar(255) NOT NULL,

    FirstName varchar(255),

    Age int,

    CONSTRAINT UC_Person UNIQUE (ID,LastName)
);

Restrição SQL UNIQUE em ALTER TABLE

Para criar uma restrição UNIQUE na coluna "ID" quando a tabela já estiver criada, use o seguinte SQL:

ALTER TABLE Persons

ADD UNIQUE (ID);

Para nomear uma restrição UNIQUE e definir uma restrição UNIQUE em várias colunas, use a seguinte sintaxe SQL:

ALTER TABLE Persons

ADD CONSTRAINT UC_Person UNIQUE (ID,LastName);

DROP uma restrição UNIQUE

Para descartar uma restrição UNIQUE, use o seguinte SQL:

ALTER TABLE Persons

DROP INDEX UC_Person;

8.3. RESTRIÇÃO DE CHAVE PRIMÁRIA (PRIMARY KEY)

A restrição PRIMARY KEY é responsável por identificar exclusivamente cada registro em uma tabela. Chaves primárias devem conter valores únicos e não podem conter valores NULL. Uma tabela pode ter apenas uma chave primária, que pode consistir em uma ou várias colunas (campos).

Para definir uma PRIMARY KEY durante a criação de uma tabela, o SQL segue a seguinte sintaxe:

CREATE TABLE Pessoas(

    Codigo int NOT NULL,

    Nome varchar(255) NOT NULL,

    Sobrenome varchar(255),

    Idade int,

    PRIMARY KEY (Codigo)
);

Se deseja nomear uma restrição PRIMARY KEY ou definir uma chave primária em várias colunas, a sintaxe a seguir é utilizada:

CREATE TABLE Pessoas(

    Codigo int NOT NULL,

    Nome varchar(255) NOT NULL,

    Sobrenome varchar(255),

    Idade int,

    CONSTRAINT PK_Pessoas PRIMARY KEY (Codigo,Sobrenome)
);

É importante observar que no exemplo acima há apenas UMA CHAVE PRIMÁRIA (PK_Person), entretanto, o VALOR da chave primária é formado por DUAS COLUNAS (ID + Sobrenome).

Para adicionar uma restrição PRIMARY KEY em uma tabela já existente, a sintaxe é a seguinte:

ALTER TABLE Pessoas

ADD PRIMARY KEY (Codigo);

Se deseja nomear uma restrição PRIMARY KEY ou definir uma chave primária em várias colunas após a criação da tabela, utilize a seguinte sintaxe:

ALTER TABLE Pessoas

ADD CONSTRAINT PK_Pessoas PRIMARY KEY (Codigo,Sobrenome);

Caso deseje descartar uma restrição PRIMARY KEY, utilize o seguinte SQL, conforme o sistema de banco de dados utilizado:

Para MySQL:

ALTER TABLE Pessoas

DROP PRIMARY KEY;

Para SQL Server / Oracle:

ALTER TABLE Persons

DROP CONSTRAINT PK_Pessoas;

8.4. RESTRIÇÃO DE CHAVE

ESTRANGEIRA (FOREIGN KEY)

A restrição de chave estrangeira (foreign key constraint) é uma ferramenta crucial em bancos de dados relacionais, que garante a integridade referencial entre tabelas. Ela define uma relação entre a coluna de uma tabela (chave estrangeira) e a chave primária de outra tabela (chave primária ou chave única), permitindo que apenas valores existentes na tabela referenciada sejam inseridos na coluna que contém a chave estrangeira.

Aqui está uma explicação passo a passo sobre como usar restrições de chave estrangeira em SQL:

Definição durante a criação da tabela:

Durante a criação da tabela, você pode definir uma chave estrangeira usando a seguinte sintaxe:

CREATE TABLE Pedidos (

    PedidoID INT PRIMARY KEY,

    PessoaID INT,

    DataPedido DATE,

    FOREIGN KEY (PessoaID) REFERENCES Pessoas(PessoaID)

);

Neste exemplo, a tabela "Pedidos" possui uma coluna "PessoaID" que serve como chave estrangeira, referenciando a coluna "PessoaID" na tabela "Pessoas".

Definição após a criação da tabela:

Após a criação da tabela, você pode adicionar uma restrição de chave estrangeira usando a instrução ALTER TABLE. Por exemplo:

ALTER TABLE Pedidos

ADD CONSTRAINT FK_PessoaID FOREIGN KEY (PessoaID) REFERENCES Pessoas(PessoaID);

Esta instrução adiciona uma restrição de chave estrangeira chamada "FK_PessoaID" à tabela "Pedidos", referenciando a coluna "PessoaID" na tabela "Pessoas".

Deletando uma restrição de chave estrangeira:

Se precisar remover uma restrição de chave estrangeira, utilize a instrução ALTER TABLE correspondente. Por exemplo:

ALTER TABLE Pedidos

DROP CONSTRAINT FK_PessoaID;

Esta instrução remove a restrição de chave estrangeira "FK_PessoaID" da tabela "Pedidos".

Ao garantir que apenas valores válidos sejam inseridos em uma coluna de chave estrangeira, as restrições de chave estrangeira ajudam a manter a integridade dos dados e a consistência das relações entre tabelas em um banco de dados relacional.

8.5. RESTRIÇÃO DE FAIXA DE VALORES (BETWEEN)

A restrição de faixa de valores, conhecida como "BETWEEN" em SQL, é uma cláusula utilizada para filtrar resultados com base em um intervalo de valores em uma determinada coluna. Essa cláusula é particularmente útil em consultas SQL quando você precisa selecionar registros que estejam dentro de um intervalo específico de valores.

Aqui está uma explicação passo a passo sobre como usar a cláusula "BETWEEN" em SQL:

Sintaxe básica:

A sintaxe básica da cláusula "BETWEEN" é a seguinte:

SELECT coluna

FROM tabela

WHERE coluna BETWEEN valor_inicial AND valor_final;

Exemplo prático:

Suponha que temos uma tabela chamada "Produtos" com uma coluna "Preco" que armazena os preços dos produtos. Se quisermos selecionar os produtos cujos preços estejam entre $10 e $50, podemos usar a cláusula "BETWEEN" da seguinte forma:

SELECT *

FROM Produtos

WHERE Preco BETWEEN 10 AND 50;

Intervalos inclusivos:

É importante observar que a cláusula "BETWEEN" é inclusiva, ou seja, ela inclui os valores de limite (valor_inicial e valor_final) na seleção de resultados. Portanto, no exemplo acima, os produtos com preços de $10 e $50 também seriam incluídos na consulta.

Usando com datas:

A cláusula "BETWEEN" também pode ser usada com valores de data. Por exemplo, se tivermos uma tabela "Pedidos" com uma coluna "DataPedido" que armazena a data em que os pedidos foram feitos, podemos usar a cláusula "BETWEEN" para selecionar os pedidos feitos dentro de um intervalo específico de datas.

Em resumo, a cláusula "BETWEEN" é uma ferramenta poderosa em SQL para filtrar resultados com base em intervalos de valores específicos em uma coluna, seja para números, datas ou qualquer outro tipo de dados compatível com a comparação de intervalos.

8.6. EXERCÍCIOS:

1) Criar um banco de dados chamado **SISADV**.
2) Crie o script para criação da Estrutura esboçada no Esquema Relacional abaixo.

   advogados (id (PK), nome, tel, salario)

   clientes(id, nome, tel, advogado_responsavel)

   clientes(advogado_responsavel) -> advogados(id)

   Obs: Criar as chaves primárias e chaves estrangeiras representadas no esquema.

9. INSERIDO DADOS EM UMA TABELA USANDO SQL

A instrução INSERT INTO é utilizada para inserir novos registros em uma tabela. Sua sintaxe pode ser escrita de duas maneiras distintas:

Especificando os nomes das colunas e os valores a serem inseridos:

INSERT INTO table_name (column1, column2, column3, ...)

VALUES (value1, value2, value3, ...);

Se todos os valores serão adicionados para todas as colunas da tabela, não é necessário especificar os nomes das colunas na consulta SQL. No entanto, é crucial que a ordem dos valores corresponda à ordem das colunas da tabela. Neste caso, a sintaxe seria:

INSERT INTO table_name

VALUES (value1, value2, value3, ...);

Aqui está um exemplo de uso da instrução INSERT INTO:

INSERT INTO Clientes(Nome, NomeContato, Endereco, Cidade, CEP, Pais)

VALUES ('Autopeças', 'José da Silva', 'R. Azevedo 21', 'Datalandia', '999999-999', 'Brasil');

Observe que não inserimos nenhum valor no campo CustomerID. Em nossa tabela, a coluna ID é um campo de autoincremento e será gerado automaticamente quando um novo registro for inserido na tabela.

Também é possível inserir dados apenas em colunas específicas. Por exemplo:

INSERT INTO Clientes(Nome, Cidade, Pais)

VALUES ('Autopeças', 'Datalandia', 'Brasil');

9.1. EXERCÍCIOS:

1) Utilizando o banco de dados criado no capítulo 8, faça o que se pede:
    a) Inserir 5 linhas para tabela advogados.
    b) Inserir 5 linhas para tabela clientes.
   Obs: Respeitar as chaves estrangeiras.

10. A INSTRUÇÃO UPDATE

A instrução UPDATE é utilizada para modificar os registros existentes em uma tabela. Sua sintaxe básica é a seguinte:

UPDATE nome_tabela

SET coluna1 = valor1, coluna2 = valor2, ...

WHERE condicao;

É importante ter cautela ao usar o comando UPDATE, pois a cláusula WHERE na instrução especifica quais registros devem ser atualizados. Se esta cláusula for omitida, todos os registros da tabela serão atualizados, o que pode resultar em alterações indesejadas.

Aqui está um exemplo de uso da instrução UPDATE:

UPDATE Clientes

SET NomeContato= 'José da Silva', City= 'Baselandia'

WHERE ID = 1;

Para atualizar múltiplos registros, a cláusula WHERE é crucial, pois determina quais registros serão afetados. Por exemplo:

UPDATE Clientes

SET NomeContato='João'

WHERE Pais='Mexico';

Lembre-se sempre de ter cuidado ao executar atualizações em registros. Omissões na cláusula WHERE podem resultar em atualizações em todos os registros da tabela, o que pode ter consequências indesejadas.

10.1. EXERCÍCIOS:

1) **Utilizando o banco de dados criado no capítulo 8, faça o que se pede:**
    a) Utilizando o comando UPDATE faça uma atualização tanto na tabela advogados, como

também na tabela clientes.

11. INSTRUÇÃO DELETE

A instrução DELETE é utilizada para remover registros existentes de uma tabela. Sua sintaxe básica é a seguinte:

DELETE FROM nome_tabela WHERE condição;

É fundamental ter cautela ao utilizar o comando DELETE, pois a cláusula WHERE na instrução especifica quais registros devem ser excluídos. Se essa cláusula for omitida, todos os registros da tabela serão excluídos, o que pode resultar em perda de dados irreversíveis.

Aqui está um exemplo de uso da instrução DELETE:

DELETE FROM Clientes WHERE Nome='Alfredo';

Para excluir todos os registros de uma tabela, é possível usar a seguinte sintaxe:

DELETE FROM nome_tabela;

Por exemplo, para excluir todos os registros da tabela "Clientes", podemos usar:

DELETE FROM Clientes;

Lembre-se sempre de ter cuidado ao executar exclusões em registros. Omissões na cláusula WHERE podem resultar na exclusão de todos os registros da tabela, o que pode ter consequências graves.

11.1. EXERCÍCIOS:

1) Utilizando o banco de dados criado no capítulo 8, faça o que se pede:
   b) Delete o registro na tabela advogados com ID = 2;
      - *Observe se a restrição de integridade irá funcionar.*
   c) Delete o registro na tabela clientes com ID = 4;

12. A INSTRUÇÃO SELECT

A instrução SELECT é empregada para recuperar dados de um banco de dados. Os dados recuperados são organizados e armazenados em uma tabela de resultados, comumente referida como conjunto de resultados.

Aqui está a sintaxe básica da instrução SELECT:

SELECT coluna1, coluna2,...

FROM nome_tabela;

Nessa sintaxe, coluna1, coluna2, etc., representam os nomes das colunas da tabela da qual você deseja recuperar os dados. Se você deseja selecionar todas as colunas disponíveis na tabela, pode utilizar o asterisco (*) da seguinte maneira:

*SELECT * FROM nome_tabela;*

Aqui estão exemplos de uso da instrução SELECT:

Para selecionar apenas as colunas "Nome" e "Cidade" da tabela "Clientes":

SELECT Nome, Cidade FROM Clientes;

Para selecionar todas as colunas da tabela "Clientes" utilize o *, como no exemplo abaixo:

*SELECT * FROM Clientes;*

A instrução SELECT é uma ferramenta fundamental para recuperar dados específicos ou visualizar o conteúdo completo de uma tabela em um banco de dados.

12.1. A INSTRUÇÃO SQL SELECT DISTINCT

A instrução SELECT DISTINCT é empregada para recuperar apenas valores únicos (distintos). Em uma tabela, é comum encontrar várias ocorrências duplicadas em uma coluna e, às vezes, deseja-se apenas listar os valores únicos.

Aqui está a sintaxe da instrução SELECT DISTINCT:

SELECT DISTINCT column1, column2, ...

FROM *table_name;*

Segue um exemplo:

Suponha que tenhamos uma tabela de clientes e desejamos listar todos os países presentes nessa tabela, incluindo as duplicatas. Utilizamos a instrução SQL abaixo:

SELECT *Pais* FROM *Clientes;*

Agora, para obter apenas os valores únicos da coluna "País", utilizamos a instrução SELECT DISTINCT:

SELECT DISTINCT *Pais* FROM *Clientes;*

Além disso, se quisermos saber quantos países diferentes existem entre os clientes, podemos utilizar a instrução SQL a seguir:

SELECT COUNT(DISTINCT *Pais)* FROM *Clientes;*

12.2. A CLÁUSULA WHERE

A cláusula WHERE é essencial na filtragem de registros em uma consulta SQL. Ela permite extrair apenas os registros que atendem a uma condição específica.

Aqui está a sintaxe básica da cláusula WHERE:

SELECT *coluna1, coluna2, ...*

FROM *nome_tabela*

WHERE *condição;*

Por exemplo, se desejamos selecionar todos os clientes do país "México" na tabela "Clientes", podemos utilizar a seguinte instrução SQL:

SELECT * FROM *Clientes*

WHERE *Pais='Mexico';*

Em SQL, é importante diferenciar entre campos de texto e campos numéricos. Enquanto valores de texto devem ser colocados entre aspas simples, valores numéricos não necessitam delas. Por exemplo:

SELECT * FROM *Clientes*

WHERE *ClienteID=1;*

A cláusula WHERE também suporta vários operadores relacionais, tais como "=", ">", "<", ">=", "<=", "<>" (ou "!=", que tem o mesmo significado), "BETWEEN", "LIKE" e "IN".

Além disso, podemos utilizar operadores lógicos como AND, OR e NOT para combinar condições em uma única consulta.

Operadores Relacionais na Cláusula WHERE:

Na cláusula WHERE, podemos utilizar os seguintes operadores relacionais:

Operador	Significado
=	igual
>	maior que
<	menor que
>=	maior ou igual
<=	menor ou igual
<>	diferente
!=	diferente
BETWEEN	busca entre uma faixa de valores especificada
LIKE	busca por um padrão
IN	em um conjunto de valores especificados

Esses operadores são essenciais para criar condições de filtragem precisas em consultas SQL.

Operadores Lógicos na Linguagem SQL:

Além dos operadores relacionais, podemos combinar condições na cláusula WHERE utilizando operadores lógicos, tais como:

- AND: exibe um registro se todas as condições separadas pelo operador forem verdadeiras.
- OR: exibe um registro se qualquer uma das condições separadas pelo operador for verdadeira.
- NOT: exibe um registro se a(s) condição(ões) não for(em) verdadeira(s).

Esses operadores lógicos permitem criar condições mais complexas, combinando múltiplas condições de filtragem de forma eficaz.

Exemplo 1:

SELECT * FROM Clientes

WHERE Pais = 'Alemanha' AND Cidade = 'Berlim';

Neste exemplo, estamos buscando clientes cujo país seja 'Alemanha' E cuja cidade seja 'Berlim'. O operador lógico AND é utilizado para combinar duas condições, garantindo que ambas sejam verdadeiras para que um registro seja selecionado.

Exemplo 2:

SELECT * FROM Clientes

WHERE Cidade = 'Berlim' OR Cidade = 'Munique';

Aqui, estamos buscando clientes cuja cidade seja 'Berlim' OU 'Munique'. O operador lógico OR é utilizado para combinar duas condições, permitindo que qualquer uma delas seja verdadeira para que um registro seja selecionado.

Exemplo 3:

SELECT * FROM Clientes

WHERE Pais = 'Alemanha' OR Pais= 'Espanha';

Neste caso, estamos buscando clientes cujo país seja 'Alemanha' OU 'Espanha'. O operador lógico OR é utilizado para combinar duas condições, permitindo que qualquer uma delas seja verdadeira para que um registro seja selecionado.

Exemplo 4:

SELECT * FROM Clientes

WHERE NOT Pais = 'Alemanha';

Aqui, estamos buscando clientes cujo país NÃO seja 'Alemanha'. O operador lógico NOT é utilizado para negar a condição, selecionando todos os registros onde a condição não é verdadeira.

Exemplo 5:

SELECT * FROM Clientes

WHERE Pais = 'Alemanha' AND (Cidade = 'Berlim' OR Cidade = 'Munique');

Neste exemplo, estamos buscando clientes cujo país seja 'Alemanha' E cuja cidade seja 'Berlim' OU 'Munique'. Os parênteses são utilizados para agrupar as condições da cidade, garantindo que a condição do país seja aplicada a todos os registros e que a condição da cidade seja aplicada apenas aos registros da Alemanha.

Exemplo 6:

SELECT * FROM Clientes

WHERE NOT Pais = 'Alemanha' AND NOT Pais = 'USA';

Aqui, estamos buscando clientes cujo país NÃO seja 'Alemanha' E NÃO seja 'EUA'. O operador lógico NOT é aplicado a cada condição individualmente, selecionando registros onde ambas as condições não são verdadeiras.

Valores Nulos

O que é um valor nulo?

Um valor NULL em um campo indica a ausência de valor, ou seja, que o campo não contém dados definidos. Isso significa que um campo com valor NULL não possui informações atribuídas a ele. Quando um campo em uma tabela é definido como opcional, é possível inserir ou atualizar um registro sem fornecer um valor para esse campo, resultando em um valor NULL. É importante observar que um valor NULL é distinto de um valor zero ou de um campo que contém espaços em branco. Um campo com valor NULL é aquele que foi deixado em branco durante a criação ou atualização do registro.

Como testar valores nulos?

Para testar se um valor é nulo em uma consulta SQL, não podemos utilizar os operadores de comparação tradicionais, como "=", "<" ou "<>". Em vez disso, devemos usar os operadores IS NULL e IS NOT NULL. A sintaxe para verificar se um valor é nulo é a seguinte:

SELECT *nome_colunas*

FROM *nome_tabela*

WHERE *nome_coluna IS NULL;*

E para verificar se um valor não é nulo, utilizamos:

SELECT *nome_colunas*

FROM *nome_tabela*

WHERE *nome_coluna IS NOT NULL;*

Por exemplo, se quisermos listar todos os clientes com um valor NULL no campo "Endereço", podemos usar:

SELECT *Nome, NomeContato, Endereco*

FROM *Clientes*

WHERE *Endereco IS NULL;*

E se quisermos listar todos os clientes com um valor no campo "Endereço", podemos usar:

SELECT *Nome, NomeContato, Endereco*

FROM *Clientes*

WHERE *Endereco IS NOT NULL;*

É sempre recomendável usar IS NULL ao procurar valores NULL em consultas SQL para garantir resultados precisos.

12.3. A PALAVRA-CHAVE ORDER BY

A palavra-chave ORDER BY é usada para classificar o conjunto de resultados em ordem crescente ou decrescente. A classificação em ordem crescente acontece por padrão. Para classificar os registros em ordem decrescente, use a palavra-chave DESC.

Sintaxe do ORDER BY:

SELECT *column1, column2, ...*

FROM *table_name*

ORDER BY *column1, column2, ... ASC|DESC;*

Exemplo de ORDER BY

A instrução SQL a seguir seleciona todos os clientes da tabela "Clientes", classificados pela coluna "País":

SELECT * FROM *Clientes*

ORDER BY *Pais;*

12.4. USANDO O SELECT PARA RETORNAR UM NÚMERO ESPECÍFICO DE REGISTROS.

A cláusula SELECT TOP é utilizada para especificar o número máximo de registros a serem retornados em uma consulta. É particularmente útil em tabelas com um grande volume de dados, onde retornar todos os registros pode impactar o desempenho da consulta.

É importante observar que nem todos os sistemas de banco de dados suportam a cláusula SELECT TOP. Por exemplo, o MySQL utiliza a cláusula LIMIT para limitar o número de registros retornados, enquanto o Oracle utiliza a sintaxe FETCH FIRST n ROWS ONLY ou ROWNUM.

Na sintaxe do SQL Server, a cláusula SELECT TOP é seguida pelo número ou percentual de linhas desejadas, seguido pelas colunas a serem selecionadas e a tabela alvo. Um exemplo disso seria:

Sintaxe no SQL Server:

SELECT TOP *número|percent mone_coluna(s)*

FROM *nome_tabela*

WHERE *condição;*

Exemplo no SQL Server:

SELECT TOP 3 * FROM *Clientes;*

No MySQL, a sintaxe é um pouco diferente, usando a cláusula LIMIT, que segue a lista de colunas selecionadas e a tabela alvo, seguida pelo número de linhas desejadas. Um exemplo seria:

Sintaxe no MySQL:

SELECT *nome_coluna(s)*

FROM *nome_tabela*

WHERE *condição*

LIMIT *number;*

Exemplo no MySQL:

SELECT * FROM *Clientes*

LIMIT *3;*

No Oracle 12, a cláusula FETCH FIRST n ROWS ONLY é usada após a consulta e a cláusula WHERE, como mostrado no exemplo a seguir:

Sintaxe no Oracle 12:

SELECT *nome_coluna(s)*

FROM *nome_tabela*

ORDER BY *nome_coluna(s)*

FETCH FIRST *número* ROWS ONLY;

Exemplo no Oracle 12:

SELECT * FROM *Clientes*

FETCH FIRST 3 ROWS ONLY;

12.5. FUNÇÕES DE AGREGAÇÃO.

Funções de agregação executam cálculos em conjuntos de valores e retornam um único resultado. Exceto pela função COUNT(*), elas geralmente ignoram valores nulos durante os cálculos. As principais funções de agregação incluem:

- MIN(): Retorna o menor valor da coluna especificada.
- MAX(): Retorna o maior valor da coluna especificada.
- COUNT(): Retorna o número de linhas que correspondem a um critério especificado.
- AVG(): Retorna a média dos valores em uma coluna.
- SUM(): Retorna a soma total dos valores em uma coluna.

A sintaxe para essas funções é simples. Por exemplo, para encontrar o menor preço em uma tabela de produtos, usamos:

SELECT MIN(Preco) AS *MenorPreco*

FROM *Produtos;*

Da mesma forma, podemos encontrar o preço mais alto usando MAX().

SELECT MAX(Preco) AS *MaiorPreco*

FROM Produtos;

A função COUNT() é usada para contar o número de linhas que correspondem a um critério especificado, enquanto AVG() retorna a média e SUM() a soma total de valores em uma coluna.

Por exemplo, para contar o número de produtos em uma tabela, usamos COUNT(CodProduto). No entanto, é importante notar que valores nulos não são contados nesta função.

SELECT COUNT(CodProduto)

FROM Produtos;

Para calcular a média dos preços dos produtos, usamos AVG(Preco).

SELECT AVG(Preco)

FROM Produtos;

E para encontrar a soma total das quantidades em uma tabela de detalhes de pedidos, usamos SUM(Quantidade).

SELECT SUM(Quantidade)

FROM DetalhesPedidos;

É crucial lembrar que, durante o cálculo de AVG() e SUM(), valores nulos são geralmente ignorados. Essas funções são poderosas ferramentas para obter insights sobre conjuntos de dados.

12.6. O OPERADOR SQL LIKE

O operador SQL LIKE é empregado em uma cláusula WHERE para buscar um padrão específico em uma coluna. Geralmente, são usados dois curingas em conjunto com o operador LIKE:

O símbolo de porcentagem (%) representa zero, um ou vários caracteres.

O sublinhado (_) que indica um único caractere.

Tanto o sinal de porcentagem quanto o sublinhado podem ser utilizados em combinações.

A sintaxe do operador LIKE é:

SELECT Coluna1, Coluna2, ...

FROM nome_tabela

WHERE ColunaN LIKE padrão;

Você também pode combinar várias condições utilizando os operadores lógicos AND ou OR.

Aqui estão alguns exemplos que ilustram diferentes usos do operador LIKE com os curingas '%' e '_':

Operador LIKE	Descrição

WHERE NomeCliente LIKE 'a%'	Retorna todos os nomes que iniciam com "a".
WHERE NomeCliente LIKE '%a'	Retorna todos os nomes que terminam com "a".
WHERE NomeCliente LIKE '%or%'	Retorna todos os nomes que tenham "or" em qualquer posição.
WHERE NomeCliente LIKE '_r%'	Retorna todos os nomes que tenham "r" como segunda letra.
WHERE NomeCliente LIKE 'a_%'	Retorna todos os nomes que começam com "a" e têm pelo menos 2 caracteres de comprimento
WHERE NomeCliente LIKE 'a__%'	Retorna todos os nomes que começam com "a" e têm pelo menos 3 caracteres de comprimento
WHERE NomeCliente LIKE 'a%o'	Retorna todos os nomes que começam com "a" e terminam com "o"

Exemplos de com o operador LIKE

A instrução SQL a seguir seleciona todos os clientes com um NomeCliente começando com "a":

*SELECT * FROM Clientes*

WHERE NomeClienteLIKE 'a%';

A instrução SQL a seguir seleciona todos os clientes com um NomeCliente terminando com "a":

*SELECT * FROM Clientes*

WHERE NomeCliente LIKE '%a';

A instrução SQL a seguir seleciona todos os clientes com um NomeCliente que tenham "ou" em qualquer posição:

*SELECT * FROM Clientes*

WHERE NomeCliente LIKE '%or%';

A instrução SQL a seguir seleciona todos os clientes com um NomeCliente que tenha "r" na segunda posição:

*SELECT * FROM Clientes*

WHERE NomeCliente LIKE '_r%';

A instrução SQL a seguir seleciona todos os clientes com um NomeCliente que começa com "a" e tem pelo menos 3 caracteres:

SELECT * FROM Customers
WHERE CustomerName LIKE 'a__%';

A instrução SQL a seguir seleciona todos os clientes com um NomeCliente que começa com "a" e termina com "o":

SELECT * FROM Customers
WHERE ContactName LIKE 'a%o';

A instrução SQL a seguir seleciona todos os clientes com um NomeCliente que NÃO começa com "a":

SELECT * FROM Customers
WHERE CustomerName NOT LIKE 'a%';

12.7. CARACTERES CURINGA NO SQL

Um caractere curinga é usado para substituir um ou mais caracteres em uma string.

Os caracteres curinga são usados com o operador LIKE. O operador LIKE é usado em uma cláusula WHERE para pesquisar um padrão especificado em uma coluna.

Usando o _ curinga

A instrução SQL a seguir seleciona todos os clientes com uma cidade começando com qualquer caractere, seguido de "ondon":

SELECT * FROM Clientes
WHERE Cidade LIKE '_ondon';

A instrução SQL a seguir seleciona todos os clientes com uma cidade começando com "L", seguido de qualquer caractere, seguido de "n", seguido de qualquer caractere, seguido de "on":

SELECT * FROM Clientes
WHERE Cidade LIKE 'L_n_on';

Usando o curinga [charlist]

A instrução SQL a seguir seleciona todos os clientes com uma cidade começando com "b", "s" ou "p":

SELECT * FROM Clientes
WHERE Cidade LIKE '[bsp]%';

A instrução SQL a seguir seleciona todos os clientes com uma cidade começando com "a", "b" ou "c":

SELECT * FROM Clientes
WHERE Cidade LIKE '[a-c]%';

Usando o curinga [!charlist]

As duas instruções SQL a seguir selecionam todos os clientes com uma cidade NÃO começando com "b", "s" ou "p":

SELECT * FROM Clientes

WHERE Cidade LIKE '[!bsp]%';

Ou

SELECT * FROM Clientes

WHERE Cidade NOT LIKE '[bsp]%';

12.8. O OPERADOR IN

O operador IN permite especificar vários valores em uma cláusula WHERE.

O operador IN é uma abreviação para várias condições OR.

Sintaxe do operador IN

SELECT nome_coluna(s)

FROM nome_tabela

WHERE nome_coluna IN (value1, value2, ...);

Ou

SELECT nome_coluna(s)

FROM nome_tabela

WHERE nome_coluna IN (SELECT ...);

Exemplos do Operador IN

A instrução SQL a seguir seleciona todos os clientes localizados na "Alemanha", "França" ou "Reino Unido":

SELECT * FROM Clientes

WHERE Pais IN ('Alemanha', 'França', 'Reino Unido');

A instrução SQL a seguir seleciona todos os clientes que NÃO estão localizados na "Alemanha", "França" ou "Reino Unido":

SELECT * FROM Clientes

WHERE Pais NOT IN ('Alemanha', 'França', 'Reino Unido');

A seguinte instrução SQL seleciona todos os clientes que são dos mesmos países que os fornecedores:

SELECT * FROM Clientes

WHERE *Pais* IN (SELECT *Pais* FROM *Fornecedores*);

12.9. O OPERADOR BETWEEN

O operador BETWEEN seleciona valores dentro de um determinado intervalo. Os valores podem ser números, texto ou datas.

O operador BETWEEN é inclusivo: os valores inicial e final são incluídos.

Sintaxe do operador BETWEEN

SELECT *nome_coluna(s)*

FROM *nome_tabela*

WHERE *nome_coluna* BETWEEN *valor1* AND *valor2* ;

Exemplo do operador BETWEEN

A instrução SQL a seguir seleciona todos os produtos com preço entre 10 e 20:

SELECT * FROM *Produtos*

WHERE *Preco* BETWEEN *10* AND *20*;

Para exibir os produtos fora do intervalo do exemplo anterior, use NOT BETWEEN:

SELECT * FROM *Produtos*

WHERE *Preco* NOT BETWEEN *10* AND *20*;

Exemplo de uso do operador BETWEEN com o operador IN

A instrução SQL a seguir seleciona todos os produtos com preço entre 10 e 20. Além disso; não mostre produtos com um IDCategoria de 1,2 ou 3:

SELECT * FROM *Produtos*

WHERE *Preco* BETWEEN 10 AND 20

AND IDCategoria NOT IN (1,2,3);

Exemplo de uso do operador BETWEEN com Valores de Texto

A instrução SQL a seguir seleciona todos os produtos com um NomeProduto entre Leite e Pão

SELECT * FROM *Produtos*

WHERE *NomeProduto* BETWEEN *'Leite'* AND *'Pão'*

ORDER BY *NomeProduto*;

A instrução SQL a seguir seleciona todos os produtos com um NomeProduto que não está entre Leite e Pão:

SELECT * FROM Produtos

WHERE NomeProduto NOT BETWEEN 'Leite' AND 'Pão'

ORDER BY NomeProduto;

Exemplo de uso do operador BETWEEN com Valores de Data

A instrução SQL a seguir seleciona todos os pedidos com OrderDate entre '01 de Julho de 1996' e '31 de Julho de 1996': (MS SQL Server e MySQL)

SELECT * FROM Pedidos

WHERE DataPedido BETWEEN '1996-07-01' AND '1996-07-31';

12.10 ALIASES (APELIDOS) NO SQL

Aliases SQL são uma ferramenta importante para atribuir nomes temporários a tabelas ou colunas dentro de uma consulta. Eles são frequentemente utilizados para tornar os nomes das colunas mais compreensíveis, facilitando a leitura e a compreensão do código SQL. Vale ressaltar que um alias só é válido durante a execução da consulta em questão e não persiste após isso. A sintaxe para criar um alias é simples, utilizando a palavra-chave AS. Para atribuir um alias a uma coluna, utiliza-se a seguinte sintaxe:

Sintaxe para Alias em colunas:

SELECT nome_coluna AS nome_alias

FROM nome_tabela;

Enquanto para atribuir um alias a uma tabela, a sintaxe é:

SELECT nome_coluna(s)

FROM nome_tabela AS nome_alias;

Os aliases são extremamente versáteis e podem ser aplicados de várias maneiras. Por exemplo, podemos criar aliases para colunas específicas, como no caso da instrução SQL que cria dois aliases para as colunas IDCliente e NomeCliente. Além disso, podemos usar aliases para tabelas inteiras, como demonstrado na instrução SQL que seleciona pedidos de um cliente específico, atribuindo aliases às tabelas Clientes e Pedidos para simplificar a consulta.

Aliases também são úteis em situações onde há mais de uma tabela envolvida na consulta, quando funções são utilizadas, quando os nomes das colunas são extensos e/ou pouco legíveis, ou quando é necessário combinar duas ou mais colunas. Eles contribuem para a legibilidade e clareza do código SQL, facilitando a manutenção e compreensão do mesmo, especialmente em consultas complexas envolvendo várias tabelas e operações.

Exemplos de Alias em colunas:

A instrução SQL a seguir cria dois aliases, um para a coluna IDCliente e outro para a coluna NomeCliente:

SELECT IDCliente AS ID, NomeCliente AS Cliente

FROM Clientes;

A instrução SQL a seguir cria dois aliases, um para a coluna NomeCliente e outro para a coluna NomeContato. Observação: requer aspas duplas ou colchetes se o nome do alias contiver espaços:

SELECT NomeCliente AS Cliente, NomeContato AS "Nome do Contato"

FROM Cliente;

A instrução SQL a seguir cria um alias denominado "Endereço" que combina quatro colunas (Endereço, Código Postal, Cidade e País):

Nota: O exemplo abaixo funciona no MySQL e SQL Server.

SELECT NomeCliente, CONCAT(Endereco,' ',CEP,' ',Cidade,' ',Pais) AS Endereco

FROM Clientes;

Exemplo de Alias para Tabelas

A instrução SQL a seguir seleciona todos os pedidos do cliente com IDCliente=4. Usamos as tabelas "Clientes" e "Pedidos" e damos a elas os aliases de tabela de "c" e "p" respectivamente (aqui usamos aliases para tornar o SQL mais curto):

SELECT p.IDPedido, p.DataPedido, c.NomeCliente

FROM Cliente AS c, Pedido AS p

WHERE c.IDClinete=4 AND c.IDClinete=p.IDClinete;

A instrução SQL a seguir é igual à anterior, mas sem aliases:

SELECT Pedido.IDPedido, Pedido.DataPedido, Cliente.NomeCliente

FROM Cliente, Pedido

WHERE Cliente.IDClinete=4 AND Cliente.IDClinete=Pedido.IDClinete;

Aliases podem ser úteis quando:

- Há mais de uma tabela envolvida em uma consulta
- As funções são usadas na consulta
- Os nomes das colunas são grandes ou não muito legíveis
- Duas ou mais colunas são combinadas

12.11 EXERCÍCIOS:

1) Utilizando o banco de dados criado no capítulo 8, faça o que se pede:
    a) Mostre o nome de todos os clientes em ordem alfabética.

b) Mostre todas as informações dos advogados.
c) Mostre os clientes que começam com a letra "A".
d) Mostre os advogados que possuem o sobrenome "SILVA".
e) Mostre os nomes clientes chamados "JOÃO";
f) Mostre em ordem decrescente por salário os advogados;
g) Mostre os nomes de advogados e salários, ordenando em ordem alfabética por NOME e menor salário;
h) Mostre somente os advogados que possuem telefone;
i) Mostre os clientes que não possuem telefone;
j) Mostre uma lista contendo os NOME E TEL dos clientes, em ordem alfabética e que o telefone não seja nulo.

13. SQL JOIN

Uma cláusula JOIN é usada para combinar linhas de duas ou mais tabelas, com base em uma coluna relacionada entre elas.

Veja o diagrama ER a seguir:

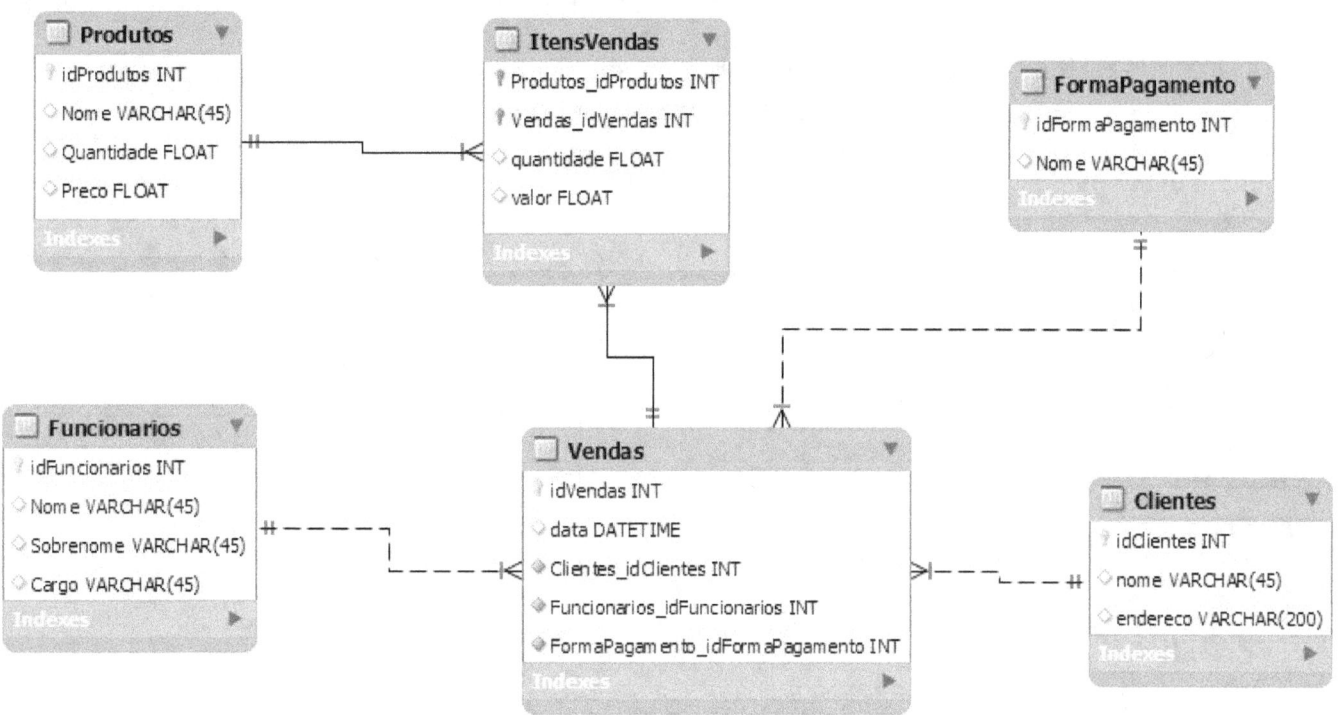

Figura 1 - Diagrama ER de exemplo.

Diferentes tipos de SQL JOINs

Aqui estão os diferentes tipos de JOINs no SQL:

- (INNER) JOIN: Retorna registros que possuem valores correspondentes em ambas as tabelas
- LEFT (OUTER) JOIN: Retorna todos os registros da tabela da esquerda e os registros correspondentes da tabela da direita
- RIGHT (OUTER) JOIN: Retorna todos os registros da tabela da direita e os registros correspondentes da tabela da esquerda
- FULL (OUTER) JOIN: Retorna todos os registros quando há uma correspondência na tabela esquerda ou direita

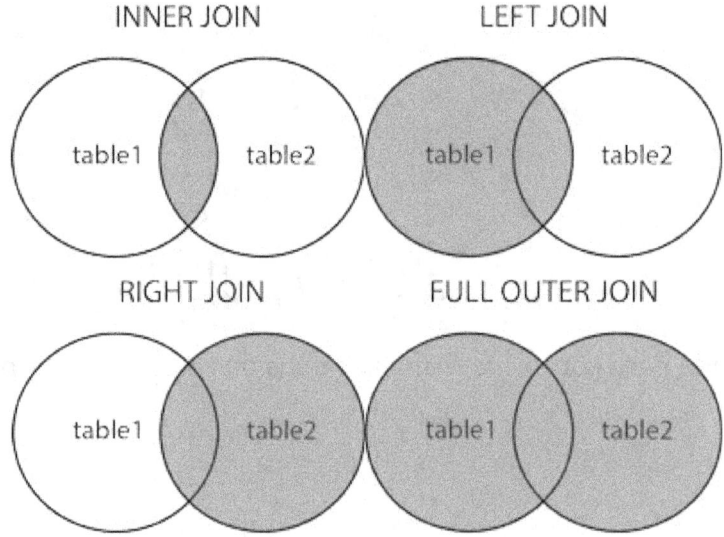

Figura 2 - Diagrama de Venn representando diferentes tipos de Joins em SQL. (Fonte: w3schools,2024)

13.1. ASSOCIAÇÃO AUTOMÁTICA OU NATURAL DO SQL

Uma junção natural é uma junção regular. Mas a tabela é unida a si mesma.

Sintaxe de junção automática

SELECT nome_coluna(s)

FROM tabela T1, tabela T2

WHERE condição;

T1 e T2 são aliases de tabela diferentes para a mesma tabela.

Exemplo de junção automática de SQL

A instrução SQL a seguir corresponde a clientes da mesma cidade:

SELECT A.NomeCliente AS NomeCliente1, B.NomeCliente AS NomeCliente2, A.Cidade

FROM clientes A, clientes B

WHERE A.IDCliente <> B.IDCliente

AND A.Cidade = B.Cidade

ORDER BY A.Cidade;

13.2. INNER JOIN NO SQL

A palavra-chave INNER JOIN é utilizada para selecionar registros que possuem valores correspondentes em ambas as tabelas envolvidas na junção. Essa junção é baseada em uma condição específica, definida na cláusula ON, que compara os valores de uma coluna em uma tabela com os valores de uma coluna em outra tabela.

A sintaxe do INNER JOIN é simples e direta:

SELECT nome_coluna(s)

FROM tabela1

INNER JOIN tabela2

ON tabela1.nome_coluna = tabela2.nome_coluna;

No exemplo a seguir, a instrução SQL seleciona todas as vendas juntamente com as informações do cliente:

SELECT Vendas.idVendas, Clientes.nome, Vendas.data

FROM Vendas

INNER JOIN Clientes ON Vendas.IDClientes=Clientes.IDClientes;

É importante destacar que o INNER JOIN retorna todas as linhas que têm correspondência entre as tabelas, ou seja, apenas os registros que possuem valores correspondentes na coluna especificada na condição de junção. Se houver registros na tabela "Vendas" que não tenham correspondência na tabela "Clientes", esses registros não serão incluídos no resultado da consulta.

Juntar Três Tabelas com INNER JOIN

A instrução SQL a seguir seleciona todas as vendas com informações do cliente e da forma de pagamento:

SELECT Vendas.IDVendas, Clientes.nome, Pagamentos.nome

FROM ((Vendas

INNER JOIN Clientes ON Vendas.IDClientes = Clientes.IDClientes)

INNER JOIN Pagamentos ON Vendas.IDPagamentos = Pagamentos.IDPagamentos);

13.3. LEFT JOIN NO SQL

A palavra-chave LEFT JOIN retorna todos os registros da tabela à esquerda e os registros correspondentes da tabela à direita. Se não houver correspondência, o resultado será 0 registros do lado direito.

Sintaxe do LEFT JOIN

SELECT nome_coluna(s)

FROM tabela1

LEFT JOIN tabela2

ON tabela1.nome_coluna = tabela2.nome_coluna;

Exemplo de LEFT JOIN

A instrução SQL a seguir selecionará todos os clientes e quaisquer vendas que eles possam ter:

SELECT Clientes.nome, Vendas.IDVenda

FROM Clientes

LEFT JOIN Vendas ON Clientes.IDClinte = Vendas.IDCliente

ORDER BY Clientes.nome;

Observação: A palavra-chave LEFT JOIN retorna todos os registros da tabela da esquerda (Clientes), mesmo que não haja correspondências na tabela da direita (Vendas).

13.4. RIGHT JOIN NO SQL

A palavra-chave RIGHT JOIN retorna todos os registros da tabela da direita (tabela2) e os registros correspondentes da tabela da esquerda (tabela1). Se não houver correspondência, o resultado será 0 registros do lado esquerdo.

Sintaxe do RIGHT JOIN

SELECT nome_coluna(s)

FROM tabela1

RIGHT JOIN tabela2

ON tabela1.nome_coluna = tabela2.nome_coluna;

Exemplo de RIGHT JOIN

A instrução SQL a seguir retornará todos os funcionários e quaisquer venda que eles possam ter feito:

SELECT Vendas.IDVendas, Funcionarios.SobreNome, Funcionarios.Nome

FROM Vendas

RIGHT JOIN Funcionarios ON Vendas.IDFuncionarios = Funcionarios.IDFuncionarios

ORDER BY Vendas.IDVendas;

Observação: A palavra-chave RIGHT JOIN retorna todos os registros da tabela da direita (Empregados), mesmo que não haja correspondências na tabela da esquerda (Vendas).

13.5. FULL OUTER JOIN NO SQL

A palavra-chave FULL OUTER JOIN retorna todos os registros quando há uma correspondência nos registros da tabela à esquerda (tabela1) ou à direita (tabela2).

Dica: FULL OUTER JOIN e FULL JOIN são iguais.

Sintaxe do FULL OUTER JOIN

SELECT nome_coluna(s)

FROM tabela1 FULL OUTER JOIN tabela2

ON tabela1.nome_coluna = tabela2.nome_coluna;

SQL FULL OUTER JOIN Exemplo

A instrução SQL a seguir seleciona todos os clientes e todas as vendas:

SELECT Clientes.nome, Vendas.IDVenda

FROM Clientes

FULL OUTER JOIN Vendas ON Clientes.IDClinte = Vendas.IDCliente

ORDER BY Clientes.nome;

Atenção: a palavra-chave FULL OUTER JOIN retorna todos os registros correspondentes de ambas as tabelas, independentemente de a outra tabela corresponder ou não. Portanto, se houver linhas em "Clientes" que não correspondam a "Vendas" ou se houver linhas em "Vendas" que não correspondam a "Clientes", essas linhas também serão listadas.

13.6. EXERCÍCIOS

1) Considerando o Esquema de Dados abaixo crie as tabelas: PECA, FORNECEDOR, PROJETO e FORNECE_PARA com as respectivas chaves primárias.

PEÇA (PeNro, PeNome, PePreço, Cor)

FORNECEDOR (FNro, FNome, FCidade, FCateg)

PROJETO (PNro, PNome, PDuração, PCusto)

Faça uma inserção inicial de dados. Dica: verifique as informações pedidas nas consultas, de maneira a inserir dados que permitam respostas não vazias.

Obtenha as seguintes informações da base de dados criada:
   a) Nome de todas as peças.
   b) Nome e código dos fornecedores de Campinas.
   c) Nome e a duração em dias de cada projeto.

d) Nome dos projetos de custo menor que R$ 3000,00.

e) Nomes das peças armazenadas nas gavetas de cor vermelha e com preço maior que R$ 500,00.

f) Nomes das peças armazenadas nas gavetas de cor vermelha e com preço maior que R$25,00, em ordem decrescente de preço.

g) Nome das peças armazenadas nas gavetas de cor vermelha ou amarela e com preço de R$10,00, R$12,00, R$15,00, R$50,00 ou R$80,00, em ordem crescente de preço.

h) Nome dos fornecedores residentes em cidades iniciadas com a letra "S". Nome dos projetos com preço entre R$1000,00 e R$5000,00.

14. O OPERADOR UNION

O operador UNION é usado para combinar o conjunto de resultados de duas ou mais instruções SELECT.

Cada instrução SELECT dentro de UNION deve ter o mesmo número de colunas

As colunas também devem ter tipos de dados semelhantes

As colunas em cada instrução SELECT também devem estar na mesma ordem

Sintaxe do UNION

SELECT nome_coluna(s) FROM tabela1

UNION

SELECT nome_coluna(s) FROM tabela2;

Sintaxe UNION ALL

O operador UNION seleciona apenas valores distintos por padrão. Para permitir valores duplicados, use UNION ALL:

SELECT nome_coluna(s) FROM tabela1

UNION ALL

SELECT nome_coluna(s) FROM tabela2;

Atenção: os nomes das colunas no conjunto de resultados geralmente são iguais aos nomes das colunas na primeira instrução SELECT.

Exemplo de UNION

A instrução SQL a seguir retorna as cidades (somente valores distintos) das tabelas "Clientes" e "Funcionarios":

SELECT Cidade FROM Clientes

UNION

SELECT Cidade FROM Funcionários

ORDER BY Cidade;

Obs.: Caso alguns clientes ou funcionários tenham a mesma cidade, cada cidade será listada apenas uma vez, pois UNION seleciona apenas valores distintos. Use UNION ALL para também selecionar valores duplicados!

Exemplo de UNION ALL

A instrução SQL a seguir retorna as cidades (valores duplicados também) das tabelas "Clientes" e "Funcionarios":

SELECT Cidade FROM Clientes

UNION ALL

SELECT Cidade FROM Funcionários

ORDER BY Cidade;

Exemplo de UNION com WHERE

A instrução SQL a seguir retorna as cidades alemãs (somente valores distintos) das tabelas "Clientes" e "Funcionarios":

SELECT Cidade FROM Clientes

WHERE Pais='Alemanha'

UNION

SELECT Cidade FROM Funcionários

WHERE Pais='Alemanha'

ORDER BY Cidade;

Exemplo de UNION ALL com WHERE

A instrução SQL a seguir retorna as cidades alemãs (valores duplicados também) das tabelas "Clientes" e "Funcionarios":

SELECT Cidade FROM Clientes

WHERE Pais='Alemanha'

UNION ALL

SELECT Cidade FROM Funcionários

WHERE Pais='Alemanha'

ORDER BY Cidade;

Outro Exemplo de UNION

A instrução SQL a seguir lista todos os clientes e funcionários discriminando na consulta quem é clientes e quem é funcionários:

SELECT 'Cliente' AS Tipo, NomeContato, Cidade, Pais

FROM Clientes

UNION

SELECT 'Funcionario', NomeContato, Cidade, Pais

FROM Funcionarios;

Observe o "AS Tipo" acima - é um alias. Aliases são usados para dar um nome temporário a uma tabela ou coluna. Um alias só existe durante a consulta. Então, aqui criamos uma coluna temporária chamada "Tipo", que lista se a pessoa de contato é um "Cliente" ou um "Funcionário".

15. A INSTRUÇÃO GROUP BY

A instrução GROUP BY agrupa valores das linhas em linhas de resumo.

A instrução GROUP BY é frequentemente usada com funções agregadas (COUNT(), MAX(), MIN(), SUM(), AVG()) para agrupar o conjunto de resultados por uma ou mais colunas.

Sintaxe do GROU BY

SELECT nome_coluna(s)

FROM nome_tabela

WHERE condição

GROUP BY nome_coluna(s)

ORDER BY nome_coluna(s);

Exemplos de GROUP BY

A instrução SQL a seguir lista o número de clientes em cada país:

SELECT COUNT(IDCliente), Pais

FROM Clientes

GROUP BY Pais;

A instrução SQL a seguir lista o número de clientes em cada país, classificados de cima para baixo:

SELECT COUNT(IDCliente), Pais

FROM Clientes

GROUP BY Pais;

ORDER BY COUNT(IDCliente) DESC;

A instrução SQL a seguir lista o número de pedidos enviados por cada remetente:

SELECT Fornecedores.NomeFornecedor, COUNT(Pedidos.IDPedidos) AS NumerodePedidos

FROM Pedidos LEFT JOIN Fornecedores ON Pedidos.IDFornecedor = Fornecedores.IDFornecedor

GROUP BY NomeFornecedor;

15.1. CLÁUSULA HAVING

A cláusula HAVING foi adicionada ao SQL porque a palavra-chave WHERE não pode ser usada com funções agregadas.

Sintaxe do HAVING

SELECT nome_coluna(s)

FROM nome_tabela

WHERE condition

GROUP BY column_name(s)

HAVING condition

ORDER BY column_name(s);

Exemplos de HAVING

A instrução SQL a seguir lista o número de clientes em cada país. Inclui apenas países com mais de 5 clientes:

SELECT COUNT(IDCliente), Pais

FROM Cliente

GROUP BY Pais

HAVING COUNT(IDCliente) > 5;

A instrução SQL a seguir lista o número de clientes em cada país, classificados de cima para baixo (inclui apenas países com mais de 5 clientes):

SELECT COUNT(IDCliente), Pais

FROM Cliente

GROUP BY *Pais*

HAVING COUNT(*IDCliente*) > *5;*

ORDER BY COUNT(*IDCliente*) DESC;

A instrução SQL a seguir lista os funcionários que registraram mais de 10 pedidos:

SELECT *Funcionarios.Sobrenome, COUNT(Pedidos.IDPedido) AS NumerodePedidos*

FROM *(Pedidos INNER JOIN Funcionarios ON Pedidos.IDFuncionario = Funcionarios.IDFuncionario)*

GROUP BY *Sobrenome*

HAVING COUNT(*Pedidos.IDPedido*) > *10;*

A instrução SQL a seguir lista se os funcionários "Davolio" ou "Fuller" registraram mais de 25 pedidos:

SELECT *Funcionarios.Sobrenome, COUNT(Pedidos.IDPedido) AS NumerodePedidos*

FROM *(Pedidos INNER JOIN Funcionarios ON Pedidos.IDFuncionario = Funcionarios.IDFuncionario)*

WHERE *Sobrenome* = *'Davolio'* OR *Sobrenome* = *'Fuller'*

GROUP BY *Sobrenome*

HAVING COUNT(*Pedidos.IDPedido*) > *25;*

16. O OPERADOR EXISTS

O operador EXISTS é usado para testar a existência de qualquer registro em uma subconsulta.

O operador EXISTS retorna TRUE se a subconsulta retornar um ou mais registros.

Sintaxe do EXISTS

SELECT nome_coluna(s)

FROM nome_tabela

WHERE EXISTS

(SELECT nome_coluna FROM nome_tabela WHERE condição);

Exemplos com EXISTS

A instrução SQL a seguir retorna TRUE e lista os fornecedores com preço de produto inferior a 20:

SELECT NomeFornecedor

FROM Fornecedores

WHERE EXISTS (SELECT NomeProduto FROM Produto WHERE Produto.IDFornecedor = Fornecedor.IDFornecedor AND Preco < 20);

A instrução SQL a seguir retorna TRUE e lista os fornecedores com preço de produto igual a 13:

SELECT NomeFornecedor

FROM Fornecedores

WHERE EXISTS (SELECT NomeProduto FROM Produto WHERE Produto.IDProduto = Fornecedor.IDFornecedor AND Preco = 13);

16.1. Exercícios

Utilizando a tabela criada no capítulo 5, faça a seguintes consultas:

a) Quantidade de peças cadastradas.
b) Mostrar o custo total de todos os projetos.
c) Mostrar a soma total (PREÇO) de peças que a empresa tem em estoque
d) Mostrar o nome e preço de cada peça ordenada de forma (Crescente).
e) Mostrar todos os projetos ordenados em ordem decrescente.

17. OS OPERADORES ANY E ALL

Os operadores ANY e ALL permitem que você faça uma comparação entre um único valor de coluna e um intervalo de outros valores.

O operador ANY:

- retorna um valor booleano como resultado
- retorna TRUE se QUALQUER um dos valores da subconsulta atender à condição

ANY significa que a condição será verdadeira se a operação for verdadeira para qualquer um dos valores no intervalo.

Sintaxe do operador ANY

SELECT nome_coluna(s)

FROM nome_tabela

WHERE nome_coluna operador ANY

  (SELECT nome_coluna

  FROM nome_tabela

  WHERE condição);

Na sintaxe acima o operador deve ser um operador de comparação padrão (=, <>, !=, >, >=, < ou <=).

O operador ALL

O operador ALL:

- retorna um valor booleano como resultado
- retorna TRUE se TODOS os valores da subconsulta atenderem à condição
- é usado com instruções SELECT, WHERE e HAVING

ALL significa que a condição será verdadeira somente se a operação for verdadeira para todos os valores no intervalo.

Sintaxe do operador ALL

SELECT ALL nome_coluna(s)

FROM nome_tabela

WHERE condição;

Sintaxe do operador ALL com Where ou Having

SELECT nome_coluna(s)

FROM nome_tabela

WHERE nome_coluna operador ALL

  (SELECT nome_coluna

  FROM nome_tabela

  WHERE condição);

Na sintaxe acima o operador deve ser um operador de comparação padrão (=, <>, !=, >, >=, < ou <=).

Exemplos de consultas com ANY

A instrução SQL a seguir lista o NomeProduto se ele encontrar QUALQUER registro na tabela DetalhesPedidos com Quantidade igual a 10 (isso retornará TRUE porque a coluna Quantidade tem alguns valores igual a 10):

SELECT NomeProduto

FROM Produtos

WHERE IDProduto = ANY

  (SELECT IDProduto

  FROM DetalhesPedidos

  WHERE Quantidade= 10);

A instrução SQL a seguir lista o NomeProduto se encontrar QUALQUER registro na tabela DetalhesPedidos com Quantidade maior que 99 (isso retornará TRUE porque a coluna Quantidade tem alguns valores maiores que 99):

SELECT NomeProduto

FROM Produtos

WHERE IDProduto = ANY

  (SELECT IDProduto

  FROM DetalhesPedidos

  WHERE Quantidade > 99);

Exemplos de consultas com ALL

A instrução SQL a seguir lista o NomeProdutos se TODOS os registros na tabela DetalhesPedidos tiverem Quantidade igual a 10. Isso obviamente retornará FALSO porque a coluna Quantidade tem muitos valores diferentes (não apenas o valor de 10):

SELECT *NomeProduto*

FROM *Produtos*

WHERE *IDProduto = ALL*

   (SELECT *IDProduto*

   FROM *DetalhesPedidos*

   WHERE *Quantidade = 10);*

17.1. EXERCÍCIOS

Considerando o Esquema de Dados abaixo crie as tabelas:

Funcionarios(Codigo, PrimeiroNome, SegundoNome, UltimoNome, DataNasci, CPF, RG, Endereco, CEP, Cidade, Fone, CodigoDepartamento, Funcao, Salario)

Funcionarios(CodigoDepartamento)->Departamentos(Codigo)

Departamentos (Codigo, Nome, Localizacao, CodGerente)

Departamentos(CodGerente)->Funcionarios(Codigo)

Faça uma inserção inicial de dados. Dica: verifique as informações pedidas nas consultas, de maneira a inserir dados que permitam respostas não vazias.

Obtenha as seguintes informações da base de dados criada:

   a) Listar nome e sobrenome ordenado por sobrenome;
   b) Listar todos os campos de funcionários ordenados por cidade;
   c) Liste os funcionários que têm salário superior a R$ 1.000,00 ordenados pelo nome completo;
   d) Liste a data de nascimento e o primeiro nome dos funcionários ordenados do mais novo para o mais velho;
   e) Liste os funcionários como uma listagem telefônica;
   f) Liste o total da folha de pagamento;
   g) Liste a quantidade de funcionários desta empresa;
   h) Liste o salário médio pago pela empresa;
   i) Liste o menor salário pago pela empresa;
   j) Liste o nome completo de todos os funcionários que não tenham segundo nome;
   k) Liste os nomes dos funcionários que moram em Recife e que exerçam a função de Telefonista;

18. A INSTRUÇÃO SQL SELECT INTO

A instrução SELECT INTO copia dados de uma tabela para uma nova tabela.

Sintaxe do SELECT INTO

Copiando todas as colunas para uma nova tabela:

SELECT *

INTO novatabela [IN bancodedados]

FROM tabelaantiga

WHERE condição;

Copie apenas algumas colunas para uma nova tabela:

SELECT coluna1, coluna2, coluna3, ...

INTO novatabela [IN bancodedados]

FROM tabelaantiga

WHERE condição;

A nova tabela será criada com os nomes e tipos de coluna definidos na tabela antiga. Você pode criar novos nomes de coluna usando apelidos (alias) com a cláusula AS.

Exemplos de SELECT INTO

A instrução SQL a seguir cria uma cópia de backup de Clientes:

SELECT * INTO ClientesBackup2022

FROM Clientes;

A instrução SQL a seguir usa a cláusula IN para copiar a tabela em uma nova tabela em outro banco de dados:

SELECT * INTO ClientesBackup2022 IN 'BackupDB'

FROM Clientes;

A instrução SQL a seguir copia apenas algumas colunas em uma nova tabela:

SELECT NomeCliente, NomeContato INTO ClientesBackup2022

FROM Clientes;

A instrução SQL a seguir copia apenas os clientes alemães em uma nova tabela:

SELECT * INTO ClientesAlemaes

FROM Clientes

WHERE Pais = 'Alemanha';

A instrução SQL a seguir copia dados de mais de uma tabela para uma nova tabela:

SELECT Clietes.NomeCliente, Pedidos.IDPedido

INTO ClientesPedidosBackup2022

FROM Clientes

LEFT JOIN Pedidos ON Clientes.IDClientes = Pedidos.IDClientes;

Dica: SELECT INTO também pode ser usado para criar uma nova tabela vazia usando o esquema de outra. Basta adicionar uma cláusula WHERE que faz com que a consulta não retorne nenhum dado:

SELECT * INTO novaTabela

FROM Tabela

WHERE 1 = 0;

19. A INSTRUÇÃO INSERT INTO SELECT

A instrução INSERT INTO SELECT copia dados de uma tabela e os insere em outra tabela. Essa intrução requer que os tipos de dados nas tabelas de origem e destino correspondam.

Observação: os registros existentes na tabela de destino não são afetados.

Sintaxe do INSERT INTO SELECT

Copie todas as colunas de uma tabela para outra tabela:

INSERT INTO tabela2

SELECT * FROM tabela1

WHERE condição;

Copie apenas algumas colunas de uma tabela para outra tabela:

INSERT INTO tabela2 (coluna1, coluna2, coluna3, ...)

SELECT coluna1, coluna2, coluna3, ...

FROM tabela1

WHERE condição;

Exemplos de INSERT INTO SELECT

A instrução SQL a seguir copia "Fornecedores" em "Clientes" (as colunas que não forem preenchidas com dados conterão NULL):

INSERT INTO Clientes (NomeCliente, Cidade, Pais)

SELECT NomeFornecedor, Cidade, Pais FROM Fornecedor;

A instrução SQL a seguir copia "Fornecedores" para "Clientes" (todas as colunas):

INSERT INTO Clentes(NomeCliente, NomeContato, Endereço, Cidade, CEP, Pais)

SELECT NomeFornecedor, NomeContato, Endereço, Cidade, CEP, Pais FROM Fornecedores;

A instrução SQL a seguir copia apenas os fornecedores alemães em "Clientes":

INSERT INTO Clientes (NomeCliente, Cidade, Pais)

SELECT NomeFornecedor, Cidade, Pais FROM Fornecedor;
WHERE Country='Germany';

20. A EXPRESSÃO CASE

A expressão CASE passa por condições e retorna um valor quando a primeira condição é atendida (como uma instrução if-then-else). Assim, quando uma condição for verdadeira, ele irá parar de ler e retornar o resultado. Se nenhuma condição for verdadeira, ele retorna o valor na cláusula ELSE.

Se não houver parte ELSE e nenhuma condição for verdadeira, ele retornará NULL.

Sintaxe CASE

CASE

   WHEN condition1 THEN result1

   WHEN condition2 THEN result2

   WHEN conditionN THEN resultN

   ELSE result

END;

Exemplos de CASE

O seguinte SQL passa por condições e retorna um valor quando a primeira condição é atendida:

SELECT IDPedido, Quantidade,

CASE

   WHEN Quantidade > 30 THEN 'A quantidade é maior que 30'

   WHEN Quantidade = 30 THEN 'A quantidade é 30'

   ELSE 'A quantidade é menor que 30'

END AS TextoQuantidade

FROM PedidoProdutos;

O SQL a seguir ordenará os clientes por cidade. No entanto, se a cidade for NULL, ordene por país:

SELECT NomeCliente, Cidade, Pais

FROM Cliente

ORDER BY

```
(CASE
    WHEN Cidade IS NULL THEN Pais
    ELSE Cidade
END);
```

21. FUNÇÕES NULL DO SQL

Veja a tabela abaixo

ID	NomeProduto	PrecoUnitario	QtdEstoque	QtdPedido
1	Jarlsberg	10.45	16	15
2	Mascarpone	32.56	23	
3	Gorgonzola	15.67	9	20

Suponha que a coluna "QtdPedido" seja opcional e possa conter valores NULL.

Observe a seguinte instrução SELECT:

SELECT NomeProduto, PrecoUnitario* (QtdEstoque + QtdPedido)

FROM Produtos;

No exemplo acima, se algum dos valores "QtdPedido" for NULL, o resultado será NULL.

Por isso existem as funções IFNULL(), ISNULL(), COALESCE(), and NVL() do SQL.

Soluções:

No MySQL e no MS SQL Server:

A função do MySQL IFNULL() permite que você retorne um valor alternativo se uma expressão for NULL:

SELECT NomeProduto, PrecoUnitario* (QtdEstoque + IFNULL(QtdPedido,0))

FROM Produtos;

ou usar a função COALESCE(), assim:

SELECT NomeProduto, PrecoUnitario* (QtdEstoque + COALESCE(QtdPedido,0))

FROM Produtos;

No ORACLE:

A função Oracle NVL() obtém o mesmo resultado:

SELECT *NomeProduto, PrecoUnitario* (QtdEstoque + NVL(QtdPedido,0))*

FROM *Produtos;*

ou podemos usar a função COALESCE(), assim:

SELECT *NomeProduto, PrecoUnitario* (QtdEstoque + COALESCE(QtdPedido,0))*

FROM *Produtos;*

22. O QUE É UM STORED PROCEDURE?

Um Stored Procedure é um código SQL preparado que você pode salvar, para que o código possa ser reutilizado continuamente.

Portanto, se você tiver uma consulta SQL que escreve repetidamente, salve-a como um procedimento armazenado e, em seguida, chame-a para executá-la.

Você também pode passar parâmetros para um Stored Procedure, para que o Stored Procedure possa agir com base no(s) valor(es) do(s) parâmetro(s) passado(s).

Sintaxe para criar um Stored Procedure

CREATE PROCEDURE nome_procedure

AS

codigo_sql

GO;

Sintaxe para executar um Stored Procedure

EXEC nome_procedure;

Exemplo de Stored Procedure

A instrução SQL a seguir cria um Stored Procedure denominado "SelectTodosClientes" que seleciona todos os registros da tabela "Clientes":

CREATE PROCEDURE SelecioneTodosClientes

AS

*SELECT * FROM Clientes*

GO;

Execute o procedimento armazenado acima da seguinte maneira:

EXEC SelecioneTodosClientes;

Stored Procedure com um parâmetro

A instrução SQL a seguir cria um Stored Procedure que seleciona Clientes de uma cidade específica da tabela "Clientes":

CREATE PROCEDURE *SelecioneTodosClientes* @Cidade nvarchar(30)

AS

SELECT * FROM Customers WHERE Cidade = @Cidade

GO;

Execute o Stored Procedure acima da seguinte maneira:

EXEC *SelecioneTodosClientes* @Cidade = 'Belo Horizonte';

Stored Procedure com vários parâmetros

Configurar vários parâmetros é muito fácil. Basta listar cada parâmetro e o tipo de dados separados por vírgula conforme mostrado abaixo.

A instrução SQL a seguir cria um Stored Procedure que seleciona Clientes de uma determinada cidade com um CEP específico da tabela "Clientes":

CREATE PROCEDURE *SelecioneTodosClientes* @Cidade nvarchar(30), @CEP nvarchar(10)

AS

SELECT * FROM Clientes WHERE Cidade = @Cidade AND CEP = @CEP

GO;

Execute o Stored Procedure acima da seguinte maneira:

EXEC *SelecioneTodosClientes* @Cidade = 'Belo Horizonte', @CEP = '30710-090';

23. COMENTÁRIOS

Comentários de linha única

Os comentários de linha única começam com --.

Qualquer texto entre -- e o final da linha será ignorado (não será executado).

O exemplo a seguir usa um comentário de uma única linha como explicação:

--Seleciona todos:

SELECT * FROM Clientes;

O exemplo a seguir usa um comentário de linha única para ignorar o final de uma linha:

SELECT * FROM Clientes -- WHERE Cidade='Berlin';

Comentários de várias linhas

Os comentários de várias linhas começam com /* e terminam com */.

Qualquer texto entre /* e */ será ignorado.

O exemplo a seguir usa um comentário de várias linhas como explicação:

/*Select todas as colunas

e todos os registros

da tabela clientes:*/

SELECT * FROM Clientes;

Para ignorar apenas uma parte de uma instrução, use também o comentário /* */.

O exemplo a seguir usa um comentário para ignorar parte de uma linha:

SELECT NomeCliente, /*Cidade,*/ Pais FROM Clientes;

24. OPERADORES

Operadores Aritméticos no SQL

+	Soma
-	Subtração
*	Multiplicação
/	Divisão
%	Módulo / Resto

Operadores de comparação do SQL

Operador	Significado
=	igual
>	maior que
<	menor que
>=	maior ou igual
<=	menor ou igual
<>	diferente
!=	diferente

Operadores compostos do SQL

+=	Soma e atribui
-=	Subtrai e atribui
*=	Multiplica e atribui

/=	Divide e atribui
%=	Calcula o resto e atribui

Operadores bit a bit do SQL

&	E
|	Ou
^	Ou exclusivo

Operadores Lógicos do SQL

ALL	retorna true se todos os valores da subquery atende a condição
AND	retorna true se as condições separadas por AND é verdadeira
ANY	TRUE se algum dos valores da subconsulta atender à condição
between	busca entre uma faixa de valores especificada
like	busca por um padrão
in	em um conjunto de valores especificados
LIKE	TRUE se o operando corresponder a um padrão
NOT	Displays a record if the condition(s) is NOT TRUE
OR	TRUE se alguma das condições separadas por OR for TRUE
SOME	TRUE se algum dos valores da subconsulta atender à condição

EXERCÍCIOS CONCLUSIVOS:

1) **Crie as seguintes tabelas:**

- **Usuários** (id, senha, nome_usuario, ramal, especialidade)
- **Máquinas** (id, tipo, velocidade, hard_disk, placa_rede, memoria_ram)
- **Software** (id, produto, hard_disk, memoria_ram)
- **Possuem** (id_usuario, id_maquina)

    Possuem(id_usuario) references Usuarios(id)

    Possuem(id_maquina) references Maquinas(id)

- **Contem** (id_maquina, id_software)

    Contem(id_maquina) references Maquinas(id)

    Contem(id_software) references Software(id)

Crie as seguintes consultas SQL:

a) Todos os atributos da tabela Usuários para aqueles usuários com especialidade igual a técnico.
b) Forneça todas as combinações de tipo e velocidade das máquinas
c) O tipo e a velocidade dos computadores dos tipos Core I7 e Core I5.
d) A identificação, o tipo dos computadores e a taxa de transmissão da placa de rede, para máquinas com placa de rede com taxa menor do que 10 Mb/s.
e) Forneça o número total de máquinas com velocidade maior do que 2,4 GHz.
f) Forneça o número de usuários das máquinas.
g) Forneça a quantidade média de disco rígido necessária por produto.
h) Forneça o número total de máquinas de cada tipo.
i) Forneça o número de produtos cuja instalação consuma entre 90 e 250 MB de disco rígido.
j) Forneça a identificação e o respectivo produto, em cujo nome tenha a letra O em sua composição.
k) Forneça a identificação e nome dos usuários que não tenham preenchido o campo de especialidade
l) Forneça a identificação e o nome dos usuários, ordenados pelo nome

APÊNDICE I - CHARSET E COLLATION

CHARSET

Um charset (conjunto de caracteres) refere-se a um conjunto específico de caracteres que pode ser usado para armazenar e manipular dados textualmente. Cada conjunto de caracteres tem seus próprios conjuntos de símbolos, letras, números e outros caracteres especiais que podem ser representados.

Os conjuntos de caracteres são importantes porque determinam quais caracteres podem ser armazenados em um banco de dados e como esses caracteres são tratados em operações como comparações, classificações e manipulações de texto. Por exemplo, diferentes conjuntos de caracteres podem incluir ou excluir certos caracteres especiais, letras acentuadas ou caracteres não latinos.

Ao definir um charset para um banco de dados, você está especificando quais caracteres podem ser utilizados para armazenar e manipular dados dentro desse banco de dados. Isso é fundamental para garantir que os dados sejam armazenados e tratados corretamente, especialmente em ambientes multilíngues ou com requisitos específicos de caracteres.

Existem vários conjuntos de caracteres (charsets) disponíveis para uso em bancos de dados, cada um com suas próprias características e alcance de caracteres. Aqui estão alguns exemplos comuns de charsets:

- UTF-8: É um dos conjuntos de caracteres mais populares e versáteis. Ele suporta uma ampla gama de caracteres Unicode e é capaz de representar praticamente todos os caracteres utilizados em diferentes idiomas, incluindo caracteres não latinos e emojis.
- Latin1: Também conhecido como ISO 8859-1, é um conjunto de caracteres que suporta a maioria dos idiomas europeus baseados em alfabeto latino. Ele não inclui caracteres de idiomas não europeus, como caracteres cirílicos, gregos ou árabes.
- UTF-16: É outro conjunto de caracteres Unicode que suporta um conjunto ainda mais amplo de caracteres do que o UTF-8. Ele é capaz de representar todos os caracteres Unicode, mas geralmente ocupa mais espaço de armazenamento do que o UTF-8 para textos em idiomas comuns.
- ASCII: É um conjunto de caracteres básico que contém apenas caracteres alfanuméricos em inglês, pontuação e alguns caracteres especiais. Ele tem uma gama limitada de 128 caracteres e é usado principalmente para textos em inglês ou em outros idiomas que usam um conjunto de caracteres semelhantes.

Esses são apenas alguns exemplos de conjuntos de caracteres comumente usados em bancos de dados. A escolha do charset depende das necessidades específicas do projeto, como os idiomas suportados e os requisitos de armazenamento de caracterClaro, aqui está uma tabela simplificada dos caracteres ASCII mais relevantes:

```
| Decimal  |  Char   | Decimal  |   Char   | Decimal  |
```

Value		Value		Value
32	" "	64		96
33	!	65	A	97
34	"	66	B	98
35		67	C	99
36		68	D	100
37		69	E	101
38	&	70	F	102
39	'	71	G	103
40	(	72	H	104
41	)	73	I	105
42	*	74	J	106
43		75	K	107
44	,	76	L	108
45		77	M	109
46	.	78	N	110
47	/	79	O	111
48	0	80	P	112
49	1	81	Q	113
50	2	82	R	114
51	3	83	S	115
52	4	84	T	116
53	5	85	U	117
54	6	86	V	118
55	7	87	W	119
56	8	88	X	120
57	9	89	Y	121
58	:	90	Z	122
59	;	91	[	123
60		92	\	124
61		93	]	125
62		94		126
63	?	95	_	127

Nesta tabela, os valores decimais representam o valor ASCII do caractere, enquanto os caracteres correspondentes são exibidos na coluna "Char". Esses são os caracteres ASCII básicos, incluindo letras maiúsculas e minúsculas, números, símbolos de pontuação e caracteres especiais como espaços e símbolos de controle.es especiais.

COLLATION

O "collation" (ou "colação", em português) refere-se às regras que determinam a ordenação e comparação de caracteres em um conjunto de dados textual. Essas regras definem como os caracteres são classificados e comparados entre si em operações como ordenação de dados, comparação de strings e busca de informações.

Um conjunto de colações especifica como os caracteres são tratados em operações que envolvem comparação de strings, levando em consideração fatores como maiúsculas e minúsculas, acentuação, caracteres especiais e a ordem de classificação de caracteres alfabéticos.

Por exemplo, ao ordenar uma lista de palavras, a colação determina se as letras maiúsculas e minúsculas são tratadas de forma diferente (como 'A' antes de 'a' ou vice-versa), como os caracteres acentuados são classificados em relação aos não acentuados e como os caracteres especiais são ordenados.

Portanto, escolher a colação correta é essencial para garantir que as operações de ordenação e comparação de strings sejam realizadas conforme o esperado, de acordo com as regras linguísticas e culturais aplicáveis.

Exemplificando como diferentes colações podem ordenar o mesmo conjunto de palavras com acentos. Vamos considerar as seguintes palavras: "cão", "café", "ação", "água", "aba", "ala".

- **Colação "Latin1_General_CI_AS" (Case Insensitive, Accent Sensitive):**

    Nesta colação, as letras são ordenadas sem diferenciação entre maiúsculas e minúsculas, mas os acentos são levados em consideração.

    Ordenação: "aba", "ação", "águá", "ala", "café", "cão"

- **Colação "Latin1_General_CI_AI" (Case Insensitive, Accent Insensitive):**

    Nesta colação, tanto as letras maiúsculas quanto minúsculas são tratadas de forma igual, e os acentos não são levados em consideração.

    Ordenação: "aba", "ação", "ala", "café", "cão", "águá"

- **Colação "Latin1_General_CS_AS" (Case Sensitive, Accent Sensitive):**

    Nesta colação, tanto as letras maiúsculas quanto minúsculas são diferenciadas, e os acentos são levados em consideração.

    Ordenação: "aba", "ação", "aga", "águá", "ala", "café", "cao"

Esses exemplos ilustram como diferentes colações podem afetar a ordenação de palavras com acentos. A escolha da colação adequada depende dos requisitos específicos do aplicativo e do contexto em que os dados serão utilizados.

REFERÊNCIAS

DATE, Christopher J. **Introdução a sistemas de bancos de dados.** Elsevier Brasil, 2004.

ELMASRI, **Ramez et al. Sistemas de banco de dados**. Pearson Universidades; 7ª edição (22 abril 2019).

Microsoft. **"Microsoft Learn: Desenvolva Habilidades Que Abrem Portas Em Sua Carreira."** Learn.microsoft.com, learn.microsoft.com/pt-br/?view=sql-server-ver16. Acesso dia 4 de Abril de 2024.

MySQL. **"MySQL :: MySQL Documentation."** Mysql.com, dev.mysql.com/doc/. Acesso dia 4 de Abril de 2024.

W3Schools. **"W3Schools Online Web Tutorials."** W3schools.com, W3Schools, 1998, www.w3schools.com/. Acesso dia 4 de Abril de 2024